DISCOURS

SUR

L'ORIGINE DES LOIX,

Prononcé à l'ouverture des Audiences du Bailliage Royal & immédiat du Pays de Carladez, à Vic, en 1765.

Par M. D. C. R. J. D. Lieutenant Général de ce Siége.

A PARIS,

Chez la Veuve David, Quai des Augustins, près le Pont S. Michel au Saint-Esprit.

M. DCC. LXIX.

DISCOURS

SUR

L'ORIGINE DES LOIX,

Prononcé à l'ouverture des Audiences du Bailliage Royal & immédiat du Pays de Carladez, à Vic, en 1765. Par M. D. C. R. J. D. Lieutenant Général de ce Siége.

MESSIEURS,

ASSEMBLÉS en ce jour pour renouveller la publication des Loix, pouvons nous mieux commencer cette vaste carriere qu'en parcourant leur origine

gine & leurs progrès. La ſcience des Loix embraſſe tous les rapports, que les hommes de tous les climats ont établis entre eux ; elle preſcrit des régles néceſſaires au maintien de ces obligations : cet objet eſt donc auſſi vaſte qu'utile.

Ce ſyſtême varié de Légiſlation, fut inconnu au premier âge du monde ; l'homme alors jouiſſant de tout, n'ambitionnoit rien ; point de limites ſur la terre, point de palais, point de luxe, qu'avoit-il beſoin de Loix ? Rien n'excitoit en lui l'intérêt perſonnel, mais dès qu'il vit dans ſon ſemblable un obſtacle à ſes beſoins ou à ſes deſirs, il oublia ſon premier caractère, il enfanta le projet de vaincre avec lui l'art des forfaits, des paſſions fougueuſes firent éclorre une foule de maux qui ont déſolé la terre.

Son ambition aſſouvie changea bientôt d'objet, elle voulut conſerver ſes uſurpations, dicta des Loix ; l'expérience tempéra depuis ce qu'elles avoient de terrible : bien plus,des nations trop avilies ſecouerent le joug ; des débris du gouvernement deſpotique , (car il paroît le plus ancien de tous) ſe formerent des Républiques célébres & des Monarchies floriſſantes ; les Loix ſe multiplierent , il s'établît des rapports d'état à état , qu'on appella droit des gens. Les Etats ſe formerent auſſi des ſyſtêmes reſpectifs de conduite , ce qui conſtitua leur droit public ; ils s'attacherent leurs ſujets par mille nœuds divers , ce qui fit la matière des Loix civiles ; & la connoiſſance de ces Loix qui , quoique différentes chez les divers peuples , ont toutes pour objet le bien public,eſt devenue le premier & le plus important des devoirs des hommes. La ſcience des Loix embraſſe & les conventions faites pour l'univers & les conventions quiconſtituent la nature de chaque état & lui ſervent de principe.

On a cru que les Juriſconſultes & les Magiſtrats eux-mêmes ne doivent point porter leur vue juſques à ces principes généraux de légiſlation, & que leurs fonctions doivent ſe borner à faire exécuter les Loix. Quelques réflexions ſuffiſent pour prouver l'illuſion de cette idée : ces détails, quelque précieux qu'ils doivent être aux yeux des Magiſtrats, puiſqu'ils intéreſſent le droit des Citoyens, ne borneroient-ils pas leurs fonctions à une application matérielle de la Loi poſitive ? En effet la moindre diſpoſition d'un Code tient à l'eſprit du Code entier. Les Loix d'une nation doivent être des conſéquences directes de ſon Gouvernement, & les Loix poſitives, la baſe des Loix arbitraires ; la légiſlation fait par conſéquent un tout qu'il faut connoître avant d'en appliquer les régles.

Le rapport de ces Loix avec le génie des différens peuples, & la nature des climats eſt ſans contredit la ſcience la plus utile & la plus digne de fixer l'attention de l'homme. D'ailleurs, un Gouvernement quelconque exige un corps de Citoyen appliqué à le connoître & à le montrer ſans ceſſe aux regards du Souverain ; il ſeroit dangereux que ce corps fût armé, il pourroit à chaque inſtant abuſer de ſa puiſſance ; il faut donc un corps qui agiſſe par les voies douces de la repréſentation, & ce ne peut être qu'une aſſemblée de Magiſtrats. Ils doivent donc connoître les reſſorts généraux de la ſociété ; ils le doivent même pour une plus juſte application des Loix poſitives; ſans cela leur Juriſprudence ſeroit trop arbitraire & point réfléchie; elle contrediroit la nature du Gouvernement & bleſſeroit l'ordre de ſociété, auſſi néceſſaire que naturelle à l'homme.

C'eſt en effet par les rapports intéreſſans que nous procure la ſociété, que nous profitons des ſoins, des talens, des travaux & des veilles des autres. La fertilité de la terre ſecondée des fatigues du Laboureur, l'adreſſe des Artiſtes, l'activité des Négocians qui nous rendent comme propre tout ce que la terre produit & que la mer renferme dans ſon ſein, les productions du génie, tout tend à nous procurer les avantages de la ſociété.

Le maintien des mœurs & du bon ordre dont on eſt redevable aux Magiſtrats, nous perpétuent des avantages auſſi précieux : nous leur devons auſſi l'union qui regne dans les différens ordres de la ſociété ; c'eſt par leurs veilles & par leurs ſoins que le concours & le choc tumultueux, mais néceſſaire, des puiſſances ſecondaires ſe réuniſſent ſous un ſeul point de vue. Tels que des ruiſſeaux qui après avoir fertiliſé les campagnes ſe réuniſſent par cent canaux divers & forment un fleuve rapide ; de même la réunion de divers ordres de l'état prouve un Gouvernement floriſſant, tranquille au-dedans & reſpecté au-dehors. Les Loix ſont donc les liens de la ſociété, le ſoutien des états, le rempart & l'appui des foibles ; elles maintiennent dans la république l'équilibre ; dans les autres états, elles préviennent l'abus de l'autorité qui devient arbitraire dès qu'elle n'a pas de bornes; elles rappellent les maîtres à cette autorité premiere, elles assurent la fidélité des Sujets, temperent dans les grands la rigueur du commandement & adoucissent aux petits le poids de l'obéissance. C'est la Loi qui parle par l'organe des Magistrats, ils ne sçauroient donc assez la connoître : c'est elle qui venge la vertu & soutient l'innocence. O Justice ! ô Loix ! qui par des nœuds souvent imperceptibles entretenez l'harmonie du monde, puissiez-vous toujours être l'intelligence qui conduit les rênes de l'empire François ? Puissiez-vous toujours être l'ame qui dirige les actions des Magistrats, la régle de nos jugemens & par-là le fondement de notre fidélité, & le gage assuré de notre bonheur? Et vous, Magistrats zélés, puissiez-vous toujours maintenir en vigueur les Loix dont nous allons parcourir l'origine, les progrès & les changemens dans cette Province.

Les Loix observées par les Celtes ou

Gaulois, premiers peuples des contrées que nous habitons, disparurent avec les Druides ou les Prêtres qui en étoient les dépositaires; elles firent place aux Loix Romaines observées encore aujourd'hui dans une partie de cette Province.

La politique des Romains fut toujours de diviser les peuples, de les opposer les uns aux autres & de tomber ensuite sur les deux parties épuisées : c'est ainsi qu'ils armerent la Bourgogne contre l'Auvergne. Ces deux puissantes Républiques réunissoient sous leur domination la majeure partie des Gaules & tenoient le reste sous leur protection; elles étoient également épuisées par une guerre de rivalité, lorsque César parut sur leur frontière. L'union de ce peuple belliqueux n'auroit-il pas changé la destinée de Rome & arrêté ses conquêtes, puisque dispersé il résista dix années au plus grand Général des Romains?

Après ce terme les Gaules furent soumises; cependant comme les peuples de l'Auvergne étoient les plus puiſſans, ils conſerverent par une diſtinction particulière leur liberté & leurs Sénateurs avec le titre de République alliée des Romains (1) ; mais cette alliance, effet de la politique Romaine, dégénera dans la ſuite : ces Conquérans du monde n'ignoroient pas que le vrai moyen d'aſſurer une domination naiſſante eſt de gagner les cœurs ; ils ſçavent que la Loi du vainqueur, quelque avantageuſe qu'elle puiſſe être, paroît toujours dure à des peuples nouvellement

---

(1) Pline dit que les Auvergnats avoient joui, ſous les Empereurs, de leur liberté : ils avoient été de tout tems reconnus pour les plus belliqueux, & les plus puiſſans des Gaules. Ils avoient des Sénateurs, & c'eſt d'une auſſi illuſtre origine que dérive la plûpart de la haute nobleſſe d'Auvergne, la plus noble par ſon origine & la plus épurée dans ſes deſcendans ; les peuples étant intereſſés d'empêcher l'uſurpation de la Nobleſſe, à cauſe des priviléges plus onéreux qu'ailleurs.

ſubjugués, & ſur-tout lors qu'ils ſont nés libres & fiers. Ainſi ce ne fut qu'inſenſiblement & par degrés que les Loix Romaines furent adoptées dans nos climats; le mélange qui s'en fit d'abord avec les Loix Celtiques ne pouvoit être de longue durée, ces dernieres n'étoient point écrites; les Druides chargés de les interpréter, n'eurent qu'une foible autorité, & la décadence du pouvoir dans ceux qui ſont dépoſitaires des Loix, ne manque jamais d'en produire l'inexécution & de les faire tomber dans l'oubli.

Dans la ſuite les Viſigoths, quoique vaincus par les armes des Auvergnats, obtinrent par un traité peu glorieux aux Romains l'empire de cette Province qu'ils n'avoient pu ſe procurer par les armes : mais ils ne firent preſque aucun changement à la forme du Gouvernement introduit par les Romains. Alaric, l'un de leurs Rois, borna tous ſes ſoins à faire réformer le Code qui avoit été rédigé par ordre de l'Empereur Théodoſe ; il y ajouta quelques coutumes particulières à ſes peuples, mais ſans abolir les Loix Romaines.

Ce Prince infortuné avoit à peine fait publier ce corps de Loix, que la majeure partie de ſes Etats paſſa ſous la domination de Clovis, vainqueur à Vouglé ; preſque toute l'Auvergne adopta les Loix du Conquérant : malgré la rapidité de ſes conquêtes, il y eut cependant des contrées qui ſe maintinrent ſous l'ancienne domination.

Carlat, que la Nature a pris ſoin de fortifier & que la politique a détruit au commencement du ſiécle dernier (1) fut de ce nombre : ce château étoit alors regardé comme une place imprenable & fut l'une des principales barrieres qui arrêterent les conquêtes de Clovis La ſituation de la haute Auvergne en-

(1) En 1604 par ordre d'Henri IV, ſur les repréſentations des Etats de la Haute-Auvergne.

trecoupée de montagnes escarpées, contribua également à conserver aux Visigoths quelques Provinces méridionales des Gaules ; & c'est ce qui a perpétué l'usage du Droit Romain dans ces contrées. En effet quelques années après, les Visigoths, pour s'étayer de la puissance des François contre l'Empire d'Orient, leur céderent par un Traité les Provinces méridionales des Gaules qui étoient encore sous leur domination. La soumission volontaire de ces peuples leur fit conserver leurs priviléges & leurs Loix.

Les Francs, en possession des Provinces septentrionales, ne chercherent point à se procurer de nouveaux asyles vers le midi de la France : de là vient que les Loix particulières des Francs furent peu connues dans les Provinces méridionales où l'esprit & l'usage du droit romain se sont perpétués.

Une constitution de Clotaire premier porte que les causes des Romains (sous ce nom étoient alors compris les Gaulois) ſe décideront par la Loi Romaine & celle des François par la Loi Salique.

Charles-le-Chauve, en ordonnant que dans les pays ſujets à la Loi Romaine les coupables de fauſſe monnoie ſeroient punis ſuivant cette Loi, ajoute que ni lui ni ſes prédéceſſeurs n'avoient jamais prétendu rien ordonner qui y fût contraire.

Charlemagne laiſſa vivre tous ſes peuples ſous leurs Loix ; ceux des contrées méridionales en obtinrent la conſervation des Loix Romaines, dont le brigandage des Sarrazins avoient, en quelque ſorte interrompu l'uſage ; il fut même permis ſous ce regne à tous les Sujets de l'Empire François de ſuivre la Loi Romaine.

Dans la ſuite Louis le Débonnaire permit indiſtinctement à tous ſes Sujets de vivre ſous la Loi des Francs ; il exigea ſeulement que chacun déclarât ſous quelle Loi il préféroit de vivre : de là vient l'uſage ancien d'inſcrire dans nombre d'actes la soumission à une Loi particuliere.

Telle fut la cause de la confusion des François avec les Gaulois : jusques au regne de Charlemagne on distinguoit un Seigneur François d'avec un Seigneur Auvergnat ; mais la liberté indéfinie de vivre sous la Loi qu'on préféroit, fit disparoître dans peu ces distinctions, & ces deux peuples ne furent connus que sous le nom de François, ce qui donna lieu à une espèce de révolution. Cette liberté dégénéra en licence : le désordre fut la suite d'un tel contraste des Loix, & de la confusion des peuples : des usages différens & arbitraires dans chaque canton donnerent lieux aux différentes coutumes que nous voyons. La Loi des Francs a prévalu dans les Provinces septentrionales où ils s'étoient établis en plus grand nombre, tandis que les Provinces méridionales se sont maintenues dans l'usage du Droit Romain.

Le Clergé fit aussi ses efforts, soit pour

conſerver les priviléges que le premier Empereur Chrétien avoit introduits en leur faveur, ſoit pour jouir des douceurs des Loix encore plus favorables qu'ils avoient ſuppoſées : mais trop foibles dans les pays ſeptentrionaux où les Seigneurs François dominoient, ils furent obligés de plier ſous le joug des différentes coutumes introduites dans ces cantons.

L'Auvergne placée au milieu des pays regis par des Loix ſi oppoſées, s'eſt pour ainſi dire partagée entre ces deux Loix. Les Comtes dont les Etats comprenoient la majeure partie de la Province, ont introduit une coutume particuliere en ſubſtituant peu-à-peu des uſages nouveaux aux anciennes Loix. L'Auvergne eſt redevable de la premiere forme de ſes coutumes aux établiſſemens qu'Alphonſe de Poitiers fit publier avant ſon départ pour la terre ſainte (1).

(1) Rapporté par le commentateur ſur la Coutume d'Auvergne.

Les Eglises de Clermont, de Brioude (1), Dissoire, les quatre Prevôtés de la Haute-Auvergne, S. Flour, Aurillac, Maurs, Mauriac, & quelques autres se sont maintenues dans l'indépendance des Comtes d'Auvergne, & ont conservé dans leurs terres l'usage du droit Romain : Elles en sont redevables à la puissance de leurs vassaux & quelques-unes à l'éloignement des lieux & à la vénération qu'on avoit pour les Patrons de ces Eglises.

Il étoit naturel que le Comte de Carlat possesseur du Comté de Barcelone & dans la suite de la Couronne d'Aragon, ait conservé dans le Carladez le Droit Romain qui régloit la destinée de ses

---

(1) En 1138 le Roi accorda une Charte aux Comtes de Brioude, par laquelle il leur constitua pour Juges les gens qui dans le tems tiendroient le Parlement Royal, ou les Présidens d'icelui, si le Parlement n'étoit pas.

autres Etats & des pays d'alentour (1).

La foibleſſe des derniers Rois de la ſeconde Race fut le germe de ces nouveautés & donna naiſſance aux Loix féodales (2) : cette forme de Gouvernement biſarre & défectueuſe, inconnue juſques alors, introduit des mœurs & des Loix nouvelles, ou plutôt les Loix qui quelquefois changent les mœurs, mais qui leur cedent le plus ſouvent, ſe plierent dans cette occaſion au génie guerrier & au goût dominant de la cavalerie Françoiſe.

Les Viſigoths & les François, qui tour-à-tour ont gouverné les Provinces des

---

(1) Charlemagne établit Gilbert pour Comte de Carlat, dont les deſcendans furent Comtes de Barcelone & depuis Rois d'Aragon, & céderent à leur cadet en 1162 le Comté de Carladez, à titre de Vicomte ſous la réſerve de l'hommage.

(2) La premiere Loi où il ſoit fait mention des Fiefs eſt de Conrad le Salique, intitulée *de Beneficiis*, qui décide pluſieurs points.

Gaules avoient conſervé à-peu-près l'ordre des Officiers établis par les Romains. Les Ducs & les Comtes avoient l'adminiſtration de la Juſtice, le commandement des armes & le maniment des finances ; ils réunirent à leur dignité des domaines immenſes. Sur la fin de la ſeconde Race leur pouvoir trop grand pour qu'on oſât les réprimer, les mit à même de continuer impunément leurs uſurpations. Par ce moyen ils tranſmirent à leur poſtérité leurs dignités avec de grandes terres ; ils parvinrent juſques à affecter l'indépendance, ſe conduiſirent en Souverains, en prirent ſouvent le titre ; & pour ſe débarraſſer du ſoin de rendre eux-mêmes la juſtice dans leurs Provinces, ils établirent des officiers à l'exemple de nos Rois. Enfin, ils oſerent meſurer leurs armes avec leurs Souverains, & trop ſouvent même avec avantage. L'on comprend aſſez quels affreux déſordres durent produire ces uſurpations : l'autorité des Rois n'étoit reſpectée que lorſqu'ils ſe trouvoient aſſez forts pour ſe faire craindre.

Les Ducs & les Comtes marchoient d'un pas égal vers l'indépendance (1). A peine avoient-ils uſurpé l'hérédité de leurs Dignités, qu'ils refuſerent de reconnoître les envoyés du Roi (2). Les gens

---

(1) Les Gouverneurs des Provinces prenoient indifféremment ces deux titres : tel fut Guerin Comte d'Auvergne qui prenoit auſſi le titre de Duc, ſous Louis le Débonaire. Dans la ſuite la dignité de Duc ſembla limitée aux Métropoles & celle de Comte aux Evêchés ou à des Cités.

(2) *Miſſi Dominici*, établis par Charlemagne, étoient des Comtes, des Prélats & des Vaſſaux immédiats de la Couronne, choiſis par le Roi au nombre de trois à quatre, qui viſitoient tous les trois mois les Provinces de leur Légation & qui tenoient tous les ans des eſpèces d'Etats ou plaids, où les Comtes, les Evêques, les Nobles, les Centeniers & autres étoient obligés de ſe trouver ; l'on y puniſſoit les Officiers & autres coupables. Vers l'an 873 les Comtes refuſerent de reconnoître ces Envoyés.

de guerre qu'ils se choisissoient parmi ceux qui s'étoient voués ou recommandés (1), & à qui ils accordoient des Bé-

(1) La formalité de la recommandation précédoit la concession des Fiefs qui étoit un droit du Seigneur suzerain immédiat ; on ne recevoit à la recommandation que des personnes qui en fussent susceptibles, qui l'eussent mérité & qui fussent en état de servir par eux-mêmes. Plusieurs Seigneurs ne vouloient pas se recommander au prix de leur liberté qui caractérisoit les propriétaires ou *Fidéles* : quoique ces derniers prêtassent serment au Roi, ils n'étoient obligés de le suivre à la guerre que quand elle avoit été résolue par la Nation à la différence des Vassaux & des Recommandés : cette recommandation dans l'origine rendoit incompatibles des Fiefs tenus de différens Seigneurs. Un arriere Vassal du Roi ne pouvoit recevoir directement ses ordres ni entrer à son service sans le consentement du Comte ou du Fidéle auquel il s'étoit recommandé ; souvent les Recommandés en attendant d'avoir un Bénéfice servoient pour la consolation,

néfices de la Couronne, uſurperent à leur tour la propriété des domaines de nos Rois, dont les Comtes, qui n'en étoient que les régiſſeurs, leur avoient accordé l'uſufruit pour le tems de leur ſervice ; telle eſt l'origine de la plûpart des Seigneuries qui ſubſiſtent de nos jours & de la Nobleſſe (1).

---

c'eſt-à-dire pour des diſtributions de vivres qu'on leur fourniſſoit. La recommandation, lorſqu'elle n'étoit pas ſuivie de la poſſeſſion d'un Fief finiſſoit par la mort de celui auquel on s'étoit recommandé.

(1) Environ un ſiécle après Charlemagne, la Nobleſſe commença à former un ordre différent de celui des hommes libres. Dès-lors pour être Noble il falloit être de race militaire. Tous ceux qui n'avoient pas des Seigneuries ne purent plus aller à la guerre ſous les bannieres des Comtes & ceſſerent de jouir des prérogatives de la Nobleſſe attachées au ſervice ; d'où il réſulte que les Nobles qui n'ont pas ſervi l'Etat un tems convenable ne jouiſſent des priviléges de la Nobleſſe que par un

Les possesseurs de ces Fiefs obligés au serment de fidélité & de porter souvent les armes hors de leurs territoires, établirent des Juges & des Officiers, à l'exemple de leurs Suzerains. Les Successeurs de ces Officiers sont ceux qui en-

---

abus contraire au principe, même de leurs priviléges. La Noblesse devint redoutable au Prince & aux peuples, par le droit qu'elle avoit seule d'être toujours armée, étant devenue maîtresse des Loix & des forces de l'Etat.

La Noblesse n'avoit d'abord droit de Justice que sur leurs troupes; mais à leur faveur ils usurperent bientôt une Jurisdiction sur les propriétaires de leur district, & subjuguerent le peuple. Il subsistà cependant cette différence entre un libre & un esclave, qu'un libre pouvoit s'annoblir en épousant la fille d'un Gentilhomme ou acquerant un Fief à la tierce fois ou troisiéme génération, & que les enfans d'un Noble & d'une libre étoient Nobles, ils pouvoient parvenir à la Chevalerie; au lieu que les enfans d'un Noble & d'une esclave étoient serfs.

core

core aujourd'hui exercent la juſtice au nom des Seigneurs, & qui doivent comparoître en ce jour aux aſſiſes pour répondre aux plaintes que le moindre des Juſticiables a droit de nous porter contre eux.

Hugues Capet, Chef de la troiſiéme Race, orné d'ailleurs des qualités qui font les grands Rois, ne ſentit pas aſſez la bleſſure profonde que devoit faire naturellement à l'autorité Royale le trop grand pouvoir des Seigneurs, ou plutôt il ne fut pas aſſez puiſſant pour remédier à des abus dont ſa Maiſon avoit été le principal mobile.

Cette puiſſance exceſſive & dangereuſe augmenta ſous ſon regne : les Ducs, les Comtes & les autres Bénéficiers s'affermirent dans l'hérédité de leurs Dignités & de leurs Fiefs ; par-là il s'attacha la Nobleſſe & s'affermit ſur le Trône où il venoit d'être placé. Le reſpect qu'on avoit pour les talens de ce Prince prévint les abus que cette licence, devenue un droit, produisit sous les regnes subséquens.

Les grands Seigneurs (1), autant par la violence qu'à la faveur des libéralités qu'ils faisoient, de la protection qu'ils accordoient & des priviléges qu'ils attribuoient aux Fiefs, obligerent presque

(1) Les Ducs & les Comtes joignoient le commandement des Châteaux forts, au Gouvernement d'une Province entiere; au lieu que les grands Vassaux, même du Roi, n'avoient que des Châteaux sans Gouvernement; car il y avoit nombre de Vassaux indépendans des Comtes. Tous les Vassaux immédiats appellés *majores*, ensuite *principes*, étoient convoqués aux plaids; ils avoient leur propre banniere & n'étoient point obligés de suivre les Comtes à l'armée; mais pour pouvoir marcher sous sa propre banniere il falloit avoir au moins douze Vassaux, & dépendre immédiatement de celui par l'autorité duquel s'assembloit l'armée, à la différence des arrières-Vassaux qui n'étoient convoqués qu'aux grands plaids de leur Suzerain. Ce dernier les représentoit aux plaids généraux;

tous ceux qui poſſédoient des Domaines en pure propriété appellés *aleux*, d'en changer la nature en Fief (1). Nos Rois y contribuerent en ordonnant en

de là vient que le Comte de Carlat, depuis que le Comte de Barcelone l'eut cédé en inféodation à titre de Vicomté à Gilbert, ceſſa d'être reçu parmi les Pairs du Royaume, & il en fut de même de la plûpart des autres; de façon que les Pairs ou Vaſſaux immédiats de la Couronne furent réduits à un bien petit nombre.

(1) Du tems de Charlemagne il étoit plus avantageux d'avoir des aleux que des Bénéfices ou Fiefs; ces derniers devoient ſervir à cheval, à peine de perte de Fief. Les Propriétaires des aleux (car les terres ſujettes au cens ne devoient aucun ſervice, même celles poſſédées par des Francs,) étoient obligés de ſervir à pied à peine d'amende : cette peine trop légere fit que ces derniers négligerent le ſervice; les premiers, dans les tems de trouble prirent en main l'autorité. La liberté ſans Fiefs devint enſuite à charge; & ce fut le contraire que du tems de Charle-

857 de changer les aleux en Fiefs & de *s'avouer* d'un Seigneur ; cependant tous les Libres ne se soumirent pas, puisque 26 ans après Charles-le-Chauve confisqua les aleux de ceux qui n'avoient pas pris de Seigneur ; c'est ainsi que s'accrut prodigieusement le nombre des arrières-Vassaux ; les Comtes sur-tout y gagnerent le plus, ils en exigerent le même serment de fidélité que de leurs anciens Vassaux. Les devoirs en sont assez connus (1) pour

---

magne : ceux qui avoient des aleux ayant perdu insensiblement l'autorité & leurs prérogatives, changerent leurs aleux en Fiefs, en donnant leurs biens au Roi ou à un Grand, & le reprenant de lui en hommage ; car sans cet hommage ils ne pouvoient trouver des protecteurs.

(1) Les Seigneurs en s'élevant ainsi, abaisserent d'autant plus les possesseurs des aleux qu'ils se persuadoient que tous ceux qui n'étoient pas Seigneurs, ne possédoient que d'une maniere précaire, ils se croyoient en

nous diſpenſer de les rapporter ici ; ils étoient portés à un tel point d'excès que le Vaſſal étoit obligé, dans certains cas, de marcher ſous les bannieres de ſon Suzerain contre le Roi même. Quels déſaſtres durent produire des Loix ſi biſarres ?

A peine les Ducs & les Comtes avoient acquis une autorité abſolue, que les Provinces prirent une forme différente. La liberté de vivre ſous la Loi qu'on s'étoit choiſie diſparut ſous l'établiſſement des Loix féodales : elles s'accréditerent par l'ignorance du dixiéme & du onziéme ſiécle ; la ſuperſtition & la crédulité mirent le comble au déſordre ; l'uſage de décider les procès par le combat devint enſuite preſque général (1).

---

droit d'en exiger des redevances nouvelles. Ces abus ont continué en Auvergne juſques aux grands jours tenus à Clermont en *1665*.

(1) C'étoit un privilége conſidérable de n'être point obligé de vuider ſes différens par

Plus de trois ſiécles s'étoient écoulés avant que l'Egliſe & les Magiſtrats euſſent pu proſcrire du Sanctuaire de la Juſtice ces combats odieux, mais ils ne purent réuſſir à éteindre dans la Nation je ne ſçais quel reſte de férocité martiale décorée des plus beaux noms, qui a tant de fois fait verſer pour des querelles particulières le ſang le plus illuſtre. La fureur des duels établie par nos ayeux, accréditée par un comble de gloire, maintenue par un faux point d'honneur, s'eſt perpétuée de ſiécle en ſiécle, & l'on ne voyoit rien d'odieux dans ces excès auxquels on ne pouvoit ſe refuſer ſans ſe couvrir d'opprobre.

Qu'il eſt étonnant qu'un ſiécle auſſi éclairé que le nôtre qui a changé les mœurs de la Nation, qui a, pour ainſi

---

le combat, puiſque la Ville de Clermont ſollicita ce privilége & l'obtint de Gui ſecond, & Monferrand de Louis de Beaujeu dans le treiziéme ſiécle.

dire, tiré la vérité du ſein des ténébres, & qui par-là même a diſſipé mille erreurs groſſières auxquelles nos pères étoient aſſervis, n'ait entiérement aboli ce reſte de barbarie, ſévérement réprouvée par les Ordonnances & la Religion.

Les ſiécles à venir auront peine à concevoir que le préjugé le plus inſenſé qui heurte tous les principes, ait pu ſe perpétuer juſqu'à nos jours, & qu'il trouve encore des défenſeurs parmi ceux même qui ſont forcés d'en reconnoître la folie : contradiction groſſiere! préjugé inſenſé! qui renouvellez au milieu du peuple le plus civiliſé, les horreurs des ſiécles de ténébres : que vous êtes propres à réveiller le zéle des Magiſtrats & à exciter leur vigilance pour achever de bannir de nos climats ce reſte de barbarie.

Dans ces tems orageux la Loi Salique & les Capitulaires de nos Rois étoient preſque ignorés dans les Tribunaux ; les Loix Romaines étoient peu connues

& encore plus mal interprétées. Les Ducs & les Comtes substituerent peu-à-peu aux anciennes Loix des usages arbitraires, favorables à leur politique, à leurs intérêts ou à leur ambition. Les Comtes de chaque Province cherchant à conserver leurs Sujets, établirent des usages différens de ceux qui étoient observés chez leurs voisins ; de là vient la différence & la contrariété qui se trouvent entre les Coutumes des Provinces limitrophes.

Dans les Pays, au contraire, regis par la Loi Romaine, le Code Théodosien, qui étoit écrit, à la différence de la plûpart des Loix des François, reclamoit sans cesse contre les entreprises des Comtes & les usages nouveaux qu'il cherchoit à introduire ; mais la confusion & l'obscurité de ces Loix, leur insuffisance & leur opposition en rendoient l'application difficile.

Vers le commencement du sixiéme siécle Justinien avoit tiré les Loix Romaines d'un chaos presque impénétrable où leur multiplicité les avoit plongées. Ce Prince les fit réformer & réunir avec ordre ſous le titre de Digeſte, auquel il ajouta le Code & enſuite les Novelles; mais l'Empire avoit alors perdu la ſouveraineté des Gaules, ainſi le Code Théodoſien & les anciennes Loix étoient les ſeules connues.

Les Croiſés vers le douziéme ſiécle avoient apporté ce nouveau corps de Loix d'Italie, où il étoit en vigueur depuis plus de ſix ſiécles. Bientôt après, la tranſlation du S.Siége à Avignon donna de l'émulation, & l'étude en devint plus familière parmi nous. Les peuples laſſés de vivre ſous des Loix obſcures, & confuſes, que les Seigneurs cherchoient à rendre arbitraires, adopterent cette Loi nouvelle comme une émanation de l'ancien Droit Romain qu'ils avoient à cœur.

C'eſt ainſi que la ſageſſe de ces Loix ſe fit jour à travers le nuage de l'ignorance & du préjugé. Les Provinces méridionales limitrophes de l'Italie adopterent ce Recueil comme Loi, tandis que les Provinces ſeptentrionales ne l'ont reconnu que comme raiſon écrite.

Le tems de l'adoption des Loix de Juſtinien eſt à-peu-près l'époque où les Loix prirent une forme plus conſtante & plus durable; elles devinrent territoriales, & ce fut vers ce tems que la diſtinction entre les Pays Coutumiers & de Droit Ecrit ſe forma irrévocablement dans cette Province.

Les Eccléſiaſtiques qui rendoient hommage au Comte & depuis au Duc d'Auvergne, ne furent pas exempts de l'obligation où étoient tous les Vaſſaux de ſe conformer aux Loix & aux Coutumes de leurs Suzerains; par une ſuite néceſſaire ils adopterent la Coutume.

Henri de Bredon, de l'agrément du Vicomte de Murat ſon Suzerain, forma en 1095 un Monaſtère de ſa terre de Bredon; elle étoit alors régie par le Droit Ecrit, ainſi que les autres terres du Carladez. Dans la ſuite le Prieur de ce Couvent, trop foible par lui-même pour réſiſter aux entrepriſes des ſucceſſeurs de ce Vicomte, ſe mit ſous la protection du Comte d'Auvergne, auquel il rendit hommage, & dès-lors les Juſticiables de ce Prieuré adopterent la Coutume.

Ce trait d'hiſtoire prouve deux vérités; la premiere, que dans le onziéme ſiécle les Loix n'étoient pas irrévocablement fixées au territoire. La ſeconde, que les Vaſſaux, à quelque titre qu'ils le devinſent, devoient ſe conformer aux Loix du Suzerain. Si l'on recherche l'origine de quelques Vaſſaux qui par une exception à la régle, ſont régis par des Loix différentes de leur Suzerain, on verra que dans les premiers tems ces Fiefs en étoient indépendans, & que l'époque de leur ſoumiſſion ou de leur réunion eſt poſtérieure au douziéme & même au treiziéme ſiécle.

Nos Rois ont repris inſenſiblement l'autorité que les grands Vaſſaux avoient uſurpée, & ſans rien changer aux uſages & aux coutumes consacrées dans chaque Province, à proportion qu'ils ont réuni les grands Fiefs à la Couronne, ou que les Eclésiastiques qui en possédoient, se mettoient sous leur protection ou en pareage avec eux, ils y ont établi des Baillifs & Sénéchaux (1) pour rendre la Justice en leur nom, commander les troupes & manier les finances.

Il n'y eut d'abord dans le Royaume que quatre Baillifs, l'Auvergne étoit du district de celui de Saint Pierre-le-Moutier. A proportion que l'usage de recourir à ce Tribunal se multiplioit, les inconvéniens de l'éloignement redoublerent, ce qui donna lieu à l'établissement d'un Lieutenant à Cussel pour l'Auvergne.

---

(1) Les Sénéchaux jugeoient les crimes ordinaires en dernier ressort. En 1394 le Parlement reçut pour la premiere fois un criminel appellant de la Sentence du Prevôt de Paris

Dans la ſuite le Doyen de Mauriac qui alloit plaider à Guiſet, périt dans l'Allier ; cet événement donna lieu ou plutôt accéléra l'établiſſement d'un Bailli pour la baſſe-Auvergne, rendu ſédentaire à Riom, vers 1330, & d'un Bailli des Montagnes pour la haute-Auvergne, dont le Siège étoit ambulatoire, la ſubordination qu'il devoit au Bailli de Riom ne ſubſiſta que quelques années (1).

& l'on prit le parti de mettre l'appellation au néant de même que la Sentence, afin de ne pas autoriſer indiſtinctement ces ſortes d'appellations.

(1) L'on trouve des ſéances de ce Bailli à S. Martin, à Salers, à Aurillac & ailleurs, d'où quelques-uns ont cru mal-à-propos qu'il y avoit pluſieurs Baillifs : dans la conceſſion des octrois faits à la Ville d'Aurillac il eſt dit que cette Ville eſt dans les Bailliages des montagnes d'Auvergne. Si elle avoit été le Siége de la réſidence fixe de ce Bailli, on n'auroit pas manqué d'y inſérer qu'elle en étoit le chef-lieu.

Par l'érection de l'Auvergne en Duché en 1360, en faveur du Duc de Berry, petit-fils de France, la Province changea de face. Ce Prince substitua le titre de Sénéchal de Riom à celui de Bailli du bas Pays d'Auvergne. A l'égard de celui des Montagnes, il prit dès-lors le titre de Bailli du Duché des Montagnes d'Auvergne : subordonné au Sénéchal, il avoit un Lieutenant à S. Martin, transféré depuis à Salers, & un autre à Andelat. Les quatre Prévôtés Ecclésiastiques de la haute-Auvergne, Saint-Flour (1), Aurillac, Maurs & Mauriac se prétendoient exemptes du Duc, qui faisoit les derniers efforts

(1) Par l'Ordonnance de 1319, rapportée par Secousse, cette subordination est prouvée; mais on n'en trouve aucun autre vestige depuis cette époque.

(2) Par Arrêt du Conseil, S. Flour a été reconnue pour Capitale de la Haute-Auvergne, à l'exclusion d'Aurillac qui le prétendoit.

pour les aſſujettir. Leurs plaintes portées au pied du Trône donnerent lieu ſix ans après (en 1366) à l'établiſſement d'un Bailli des exempts pour la baſſe-Auvergne, dont le Siége fut fixé à Montferrand, & d'un ſecond à Aurillac, dont le diſtrict avoit pour limites l'enceinte de ces quatre Prevôtés (1); c'eſt de ce dernier Siége que fut éclipſé en 1523 le Bailliage de Saint-Flour, & la Sénéchauſſée de Clermont, fut établie en 1582 des débris du Bailliage de Montferrand.

Le Carladez a toujours fait un Pays à part & ſéparé du reſte de l'Auvergne; & ce Siége a toujours été indépendant des Baillifs & Sénéchaux de la Province (2).

---

(1) Lors de l'établiſſement des Préſidiaux en 1551. le Procureur du Roi d'Aurillac reconnoiſſoit que depuis l'érection du Duché en 1360. le reſſort de ce Siége avoit été reſtraint aux terres de l'Egliſe, & aux Fiefs qui en relevoient. Cette vérité eſt auſſi prouvée par les Lettres-Patentes accordées au Duc d'Auvergne en 1374.

(2) Coutume d'Auvergne.

Le Comte de Carlat avoit établi dans le douziéme ſiécle un Bailli ou Sénéchal. Le Comte d'Armagnac avoit obtenu en 1346 des Lettres-Patentes confirmées en 1368, qui lui permettoient d'établir dans ſes terres un Juge d'appel, & le Duc de Berri en 1380 obtint le droit d'établir tels nouveaux Officiers qu'il jugeroit à propos. Dans la ſuite le Connétable d'Armagnac, troublé dans l'indépendance du Carladez par le Bailli des Exempts d'Aurillac, obtint en 1415 la confirmation de ces droits. C'eſt au moins à ces époques que ce ſiége qui exiſtoit dès le premier tems, peut compter ſon indépendance de tout autre que du Parlement (1).

Sous François I l'Auvergne prit une nouvelle forme, la réunion du Duché

(1) Le titre de Bailli ou Sénéchal fut alors changé en celui de Juge d'Appeaux du Carladez, de même que celui de Bailli d'Auvergne avoit été changé en celui de Sénéchal.

d'Auvergne & du Comté de Carladez à la Couronne en 1531, rendit les Officiers de ces deux grandes terres, Royaux, toujours ſous la dépendance immédiate du Parlement ; & tel eſt l'état actuel de la Province.

L'autorité des Baillifs qui n'avoit été étendue que pour modérer celle des Seigneurs, devenue elle-même trop grande; nos Rois par une politique éclairée l'ont diviſée entre les Gouverneurs pour commander les troupes, les Officiers des Bailliages pour exercer la Juſtice & faire la Police, & les Généralités pour les Finances ; enſorte qu'il ne reſte plus aux Baillifs qu'un titre d'honneur dénué du pouvoir effectif.

L'étude pénible du droit Romain donna naiſſance à quelques Ecoles, & dans la ſuite aux Univerſités qui deviennent les Pépinieres des Parlemens & des Bailliages. Telle eſt l'origine des Gens de Loi, & des Officiers de Robbe. Les Elèves de ces Ecoles étoient les ſeuls inſtruits des Loix, &

dés-lors ils étoient les ſeuls capables de rendre la Juſtice. Le beſoin indiſpenſable qu'on eut de leurs lumieres les fit introduire dans les Parlemens (1), &

---

(1) Les plaids généraux du Royaume aſſemblés avec ſoin par les Rois dès l'origine de la Monarchie (ce qui fait que ces aſſemblées conſtituent ſon eſſence) étoient l'aſſemblée de tout le peuple militaire au Champ de Mars ; l'on y décidoit ſur-tout de la guerre ; cependant le Roi, du moins dans la ſuite, pouvoit faire la guerre ſans le conſulter, mais alors les Vaſſaux n'étoient pas obligés de marcher.

Les Francs ayant négligé ces aſſemblées incommodes & couteuſes à cauſe des révolutions du Royaume, les Rois & les Grands qui compoſoient ſon Conſeil & qui juſques-là n'avoient eu que la puiſſance exécutrice, s'emparoient ſeuls de l'autorité vers la fin de la premiere Race.

Pepin rétablit cette convocation en Mai, Charlemagne perfectionna cet établiſſement ſous le nom de Parlement, & ordonna que les Evêques, Abbés, & la Nobleſſe avec douze Repréſentans choiſis dans la claſſe des dans les autres Tribunaux de Juſtice où les Militaires avec quelques perſonnes

---

Scabinos(Aſſeſſeurs des Comtes qui étoient choiſis par les Villes) ou à leur défaut douze Citoyens des plus Notables, ſeroient tenus de ſe trouver aux plaids de Mai. Dans la ſuite les Comtes uſurperent le droit de choiſir les douze Citoyens, & ne choiſirent que des gens de guerre, de maniere que les libres & les peuples, appellés depuis tiers-Etat, ne jouirent pas long-tems du bénéfice de la Loi, puiſqu'à l'aſſemblée appellée *Parlamentum*, tenue ſous Charles-le-Chauve, le Peuple n'y fut pas compris; les plaids d'Automne n'étoient composés que des principaux Seigneurs.

Comme nos Rois ne pouvoient faire contribuer leurs Vaſſaux qu'aux guerres délibérées dans l'aſſemblée de la Nation, ils convoquoient des aſſemblées générales pour approuver leurs projets par les Barons, qui impoſoient des tailles pour ſoudoyer leurs Gendarmes; parce que hors les cas où la Nobleſſe devoit le ſervice, & qui étoient rares & réglés, il falloit les payer.

d'Eglise avoient été seuls admis, depuis qu'ils en avoient exclu les Libres & les simples Citoyens. Ce mêlange subsista pendant quelque tems, mais les gens de Robbe se rendirent insensiblement si nécessaires qu'on ne tarda pas à obliger tous les Juges à être Gradués; alors la plûpart des Militaires renoncerent à l'étude des Loix & se livrerent uniquement au tumulte des armes; ils n'exercerent plus aucune fonction Juridique,

---

Les Rois pour se procurer du secours négocioient dans chaque Province, telle est l'origine des Etats des Provinces: Philippe-le-Bel simplifia ces opérations en convoquant des assemblées générales composées des Députés du Clergé, de la Noblesse & des Villes qui formerent le tiers-Etat à la premiere assemblée tenue en 1304. Le tiers-Etat n'y eut pas de voix, & ce qui prouve que ces assemblées ne succédoient pas aux anciens Parlemens, c'est que dans les premiers tems les Pairs qui formoient le Parlement n'y ont pas paru.

& par-là ils perdirent la confiance publique.

Les Magiſtrats devenus néceſſaires, par une étude & une application conſtante ſont parvenus au plus haut degré de gloire, & compoſent aujourd'hui le corps le plus utile & le plus éclairé de l'état. Cet illuſtre Corps, dépoſitaire des Loix, toujours attentif à les faire obſerver & à réprimer les entrepriſes contraires au bon ordre & à une exacte police, ſçait ſe faire obéir ſans armes & ſe faire reſpecter par l'autorité des Loix en ſe faiſant chérir des peuples. Ils maintiennent les mœurs dans leur pureté & les Loix dans leur vigueur.

Les Parlemens ſont les Chefs de ce Corps illuſtre, ils ſont comme les liens qui uniſſent enſemble le corps & les membres de l'Etat.

Cet illuſtre Sénat, l'honneur, le ſoutien, & pour ainſi dire l'ame de la Nation, toujours prêt à ſe ſacrifier pour le ſalut de l'Etat, n'attend pour récompenſe des ſervices paſſés & des peines préſentes que la gloire de ſervir ſon Roi & ſa Patrie, & s'immoler pour eux. Il a procuré à la Nation la tranquillité, & le bonheur que l'intérêt d'un corps politique cherchoit à détruire, & que la modération & le déſintéreſſement des Magiſtrats maintiendront en vigueur.

Mais ce bonheur, l'effet d'un ordre admirable, qui fait jouer de concert les reſſorts de l'état, eſt d'un prix que nous ne connoiſſons pas aſſez pour en ſentir tout l'avantage; il ſuffit cependant pour s'en appercevoir de comparer le Gouvernement des ſiécles paſſés avec le préſent, que verrons-nous dans les tems reculés? des hommes ſans Loix, ſans habitations fixes, & dénués des commodités de la vie: le crime & la vertu confondues n'enfanter que des malheurs ſans nombre & preſque ſans remède; la haine, la violence, la vengeance, l'uſurpation, tous les vices ſans frein, les habitans des Campagnes toujours victimes de la force & de la tyrannie, voyoient ſous leurs yeux leurs biens dévaſtés par les différens partis, leurs habitations ruinées, leurs enfans égorgés, une mort violente moiſſonnoit les uns & menaçoit à chaque inſtant les autres ; ils étoient expoſés aux caprices & aux fureurs des brigands, leurs allarmes étoient continuelles ; ils avoient autant de maîtres, ou pour mieux dire autant de tyrans, qu'il y avoit de gens en force qui vouloient l'être. A la faveur des guerres nationales ou civiles, les Grands, avides de dominer, déſolerent les Provinces & conſerverent pendant pluſieurs ſiécles une autorité preſque indépendante des Loix & du Souverain ; ces maux, ces troubles affreux, qui ſi long-tems déſolerent la France, ſont connus.

Le Gouvernement actuel nous offre des objets bien différens, plus de brigands qui infectent les chemins, la ſévérité des Loix & le zéle des Magistrats mettent à couvert de toute violence le premier des Sujets comme le dernier des hommes.

Mais tel est le sort de l'humanité, nous ne sommes vivement affectés que que de ce qui est actuel : à travers des ténébres des tems, les maux perdent ce qu'ils ont de plus affreux. L'amour propre toujours inquiet, toujours mécontent, semble se venger de ce qu'il souffre en vantant les tems passés. C'est un menage du cœur humain. Tous les jours on entend venter le regne de Louis le Grand, comme le plus brillant & le plus glorieux qui décore les fastes de la Nation ; c'est un hommage qui ne tarira jamais. Cependant sans rien diminuer de la gloire d'un grand Prince, célébre par ses conquêtes, par le choix qu'il sçavoit faire des grands hommes, par la faveur qu'il a accordé aux Sciences & aux Arts, par les établissemens avantageux en tout genre,

genre, pour le bel ordre qu'il a mis dans l'état, je ne crains pas d'avancer que la paix & la tranquillité dont nous jouiſſons ſous le meilleur & le plus cheri des Rois, & la douceur du gouvernement actuel ne ſoient cent fois préférables aux dehors pompeux & au tumulte des armes qui environnoient le précédent regne. Ne nous faiſons donc plus illuſion & jouiſſons tranquillement de nos avantages.

Nous venons de développer l'origine, les progrès & le changement des Loix ; elles ont puiſé leur ſource dans la Loi naturelle.

L'équité du Droit Romain le fit adopter dans nos climats, mais les Provinces conquiſes par les François en perdirent inſenſiblement l'uſage ; au contraire, celles qui ſe ſoumirent volontairement n'ont jamais reconnu d'autres Loix ; on les a vu ſubſiſter malgré les variations & l'ignorance des tems. Il ne nous reſte qu'à les bien connoître & à borner nos désirs pour jouir paisiblement des avantages qu'elles nous procurent. En développant le génie & la sagesse de notre Gouvernement, nous avons parlé de l'origine des gens de Robe qui sont devenus un Corps aussi illustre que nécessaire. Dépositaires des Loix, ils les ont redigées & interpretées ; peu-à-peu ils ont procuré aux peuples par leurs veilles & leurs travaux un bonheur inestimable. En suivant pas-à-pas nos supérieurs & marchant sur les traces de nos prédécesseurs, nous remplirons les devoirs importans de notre état, vrai moyen de nous acquitter des devoirs multipliés qui sont attachés à nos fonctions, soit envers les peuples, soit envers le Roi. Heureux si par nos veilles & nos travaux nous pouvons nous concilier l'amour & la confiance de nos Justiciables, & remplir l'objet que nous devons avoir le plus à cœur.

Avocats, vous trouvez des modéles

dans les Avocats du Parlement vos Confreres, tâchez, s'il se peut, de les imiter : vous remplirez par-là avec honneur votre profession ; elle exige tous les talens possibles, à en juger par l'étendue des devoirs & des obligations que vous contractez envers le public.

Quelle profondeur de connoissance ne vous faut-il pas acquerir ? de quelle fermeté ne devez-vous pas vous armer ? quelle justesse ! quelle précision ! quelle retenue & quelle modestie pour ne point abuser de la liberté que vous avez ! La sagesse & la probité avec laquelle vous en usez fait notre consolation. Quel service ne rendez-vous pas journellement au public ; c'est par vos soins & par vos veilles que les affaires obscures s'éclaircissent & se développent ; mais en vain vous travailleriez, si vous n'aviez pour principe l'amour du devoir ; tout autre motif seroit contraire à l'honneur de votre profeſſion ; c'eſt par une conduite exacte, ſage & déſintéreſſée que vous vous attirerez toujours la confiance du public & la bienveillance de la Cour.

Procureurs, vous ne ſçauriez réuſſir dans votre profeſſion qu'en acquérant chaque jour de nouvelles lumieres ! adreſſez-vous à des perſonnes éclairées dans les affaires délicates & difficiles. Soyez ſur-tout expéditifs & vigilans, redoublez, s'il ſe peut, de zéle & d'attention dans les défenſes des veuves & des orphelins. Prenez en main les intérêts des Pauvres comme ceux des Riches. Que la miſere trouve en vous des défenſeurs. Choiſiſſez tous les ans un d'entre-vous à tour de rôle à qui les Pauvres puiſſent s'adreſſer avec confiance. Que celui qui ſera chargé de ce miniſtere ſi digne d'un vrai Citoyen, ſoutienne gratuitement leurs cauſes, & qu'il mette les Magiſtrats en état de rendre aux miſérables une auſſi prompte & auſſi exacte juſtice qu'aux perſonnes les plus accréditées ; par là vous mériterez la confiance de vos parties, l'eſtime du public & la protection de la Cour.

Huiſſiers, montrez à l'avenir plus d'exactitude, de diligence & de fermeté à faire exécuter & reſpecter les actes de la Juſtice. Ne vous repoſez que ſur vous dans vos opérations, ſi vous voulez éviter les punitions que ne manqueroit pas de vous attirer une toute autre conduite.

APPROBATION.

J'ai, par ordre de Monseigneur le Chancelier, examiné un Manuscrit qui a pour titre, *Discours prononcé à l'ouverture des Audiences du Bailliage Royal, immédiat & Siége de Carladez. A Vic, en 1765, par le Lieutenant Général audit siége*, &c. Je n'y ai rien trouvé qui puisse empêcher qu'on en permette l'impression. A Paris, ce 18 Avril 1769. **Moussier.**

De l'Imp. de M. Lambert, rue des Cordeliers.

www.ingramcontent.com/pod-product-compliance
Ingram Content Group UK Ltd.
Pitfield, Milton Keynes, MK11 3LW, UK
UKHW021019180726
13838UKWH00004B/1580

9 782329 322063